BEI GRIN MACHT SICH IHR WISSEN BEZAHLT

AF151306

- Wir veröffentlichen Ihre Hausarbeit,
  Bachelor- und Masterarbeit

- Ihr eigenes eBook und Buch -
  weltweit in allen wichtigen Shops

- Verdienen Sie an jedem Verkauf

Jetzt bei www.GRIN.com hochladen
und kostenlos publizieren

GRIN ☺

Peter Schön

Soziologie - Die Grundlagen und Entwicklungsformen auf die Generationen bezogen

GRIN Verlag

Bibliografische Information der Deutschen Nationalbibliothek:

Die Deutsche Bibliothek verzeichnet diese Publikation in der Deutschen National-
bibliografie; detaillierte bibliografische Daten sind im Internet über http://dnb.d-
nb.de/ abrufbar.

Impressum:

Copyright © 2002 GRIN Verlag, Open Publishing GmbH
Druck und Bindung: Books on Demand GmbH, Norderstedt Germany
ISBN: 978-3-640-78479-0

Dieses Buch bei GRIN:

http://www.grin.com/de/e-book/163067/soziologie-die-grundlagen-und-entwick-
lungsformen-auf-die-generationen

Vorwort

Wenn zwei Neunzigjährige sich im Altersheim kennen und lieben lernen, ist dies heute allenfalls noch dem Lokalblättchen eine Meldung wert. Die zunehmende Überalterung der Bevölkerung und die große Zahl unternehmungslustiger, ja tatendurstiger Rentner führen langsam zu einem selbstverständlicheren Umgang mit alten Menschen, auch wenn sie ihre »Schrullen« haben mögen. Die Vorstellung, daß alte Leute abgeklärt und ohne eigene Wünsche in ihren Dachzimmern sitzen, entspricht sicherlich nicht den Tatsachen. Derartige Anschauungen sind selbst beträchtlichen Modeschwankungen unterworfen. Zur Zeit Martin Luthers puderten sich die Prostituierten ihr Haar weiß – Greisenhaftigkeit galt damals als anziehend. Schon Kinder wurden wie Erwachsene gekleidet. Heute orientieren sich Großmütter an Teenager-Moden . Dabei hat es noch nie so viele alte Menschen gegeben wie in der Gegenwart. Knapp 16 Prozent der westdeutschen Bevölkerung sind Menschen über 65 Jahre, und dieser Prozentsatz wird in den nächsten Jahren noch ansteigen. Die Hochachtung vor dem Alter scheint in vergangenen Zeiten schon deshalb größer gewesen zu sein, weil der Greis ein selteneres Phänomen war und weil im Durchschnitt auch nur der geistig und körperlich Rüstige ein höheres Lebensalter erreichte. Heute erhält sich – und das ist eine zweifelhafte Folge des medizinischen Fortschritts – auch manche Hinfälligkeit, oft sogar gegen den Willen der Betroffenen. So wird Alter – besonders aus der Sicht der Jugend – nur allzuoft mit Senilität und Rückständigkeit gleichgesetzt, dies um so eher, als die ältere Generation seit dem Zweiten Weltkrieg an einem politischen Schuldkomplex trägt, von dem sich die Jugend frei fühlt. Während die Älteren mit »Vergangenheitsbewältigung« beschäftigt waren, mußte ihre Autorität gegenüber der Jugend natürlich schwinden. Das ist nicht nur in Deutschland so, sondern auch in Japan, wo noch vor einem Vierteljahrhundert die Alten besonders verehrt wurden. Heute fühlen sie sich weitgehend überflüssig. Daran ist auch der Aufschwung der Technik schuld – in Fernost wie in Europa oder Nordamerika. Früher wurden handwerkliche Fertigkeiten von einer Generation auf die andere vererbt; und natürlich beherrschte der Alte sie dank langer Erfahrung besser, der Junge hatte von ihm zu lernen. Heute hat jede Generation ihre eigene Technik, die neu erfunden und erlernt wird; was der Alte weiß, ist veraltet. Die Freitodrate unter den Rentnern ist darum mehr als doppelt so hoch wie in der übrigen Bevölkerung in Deutschland, Japan , USA und ähnlich strukturierten Leistungsgesellschaften. Unsere Zivilisation, die ihren Angehörigen das Altwerden gestattet, hat das Problem, den Alten ein sinnvolles Dasein zu ermöglichen, bisher nicht gelöst. Wir schätzen jeden Menschen nur seiner Brauchbarkeit entsprechend und stehen damit moralisch auf keiner höheren Stufe als einige innerafrikanische Negerstämme oder die Indianer des südamerikanischen Gran Chaco. Wurden Alte oder Kranke dauernd arbeitsunfähig, setzten die zentralafrikanischen Sippen sie in zugigen Waldhütten aus; eine tödliche Erkältung war die erwünschte Folge. Bei den Indianern gehörte es zum guten Ton, den wandernden Clan nicht zu belasten. Also bat der Vater zu gegebener Zeit seinen Sohn, ihn zu töten. Die kulturell rückständigen Ureinwohner Australiens hingegen verehren ihre betagten Stammesgenossen als weise Ratgeber, wie es im Altertum auch Griechen und Römer taten. Doch auch dabei regiert das Prinzip der Brauchbarkeit: Die Alten sind eben die überlegenen Spurendeuter und Werkzeugschnitzer, sie wissen, wie man das Wild beschleicht, sie kennen Mittel gegen Krankheiten und fehlenden Regen, und sie verkörpern die Tradition der Sitten und Bräuche. Bisher leben die australischen »Aborigines« vom Sammeln und Jagen noch einigermaßen problemlos. Die Alten sind keine Belastung wie bei Völkern mit härteren Existenzbedingungen. Für die moderne Leistungsgesellschaft ist es keine Frage mehr, ob sie sich ihre Alten leisten kann. Das Problem der Betagten liegt jedoch darin, daß sie sich nur ausgehalten, vom wirklichen Leben aber ausgeschlossen fühlen. Frauen finden eher noch eine Aufgabe als Männer. Eine hilfreiche Großmutter wird in jeder Familie gern gesehen, oft ausgenutzt, aber doch wenigstens gebraucht. Die Einsamkeit des Alleinstehenden, der als Rentner nur noch auf seinen Tod wartet, ist jedoch weniger eine Folge mangelnder Altenfürsorge als eines zu geringen Bildungsangebots. Jetzt könnte er sich endlich als freier Mensch fühlen! Aber wer seit der Volksschule nichts mehr gelernt hat, wer als Parkwächter oder Hilfsarbeiter pensioniert wird, der sieht zu wenige Möglichkeiten für eine sinnvolle Beschäftigung oder zum Genuß der Muße. Er hat auch verlernt, wie man lernt; sein Hirn verkümmert wie ein nicht benutzter Arm. Oft wird Hoffnungslosigkeit durch die falsche Vorstellung motiviert, das alternde Gehirn sei gar nicht mehr aufnahmefähig. Zwar bilden sich die Hirnzellen tatsächlich bei zunehmendem Alter langsam zurück. Doch nimmt jeder Mensch noch Hunderte von Millionen Hirnzellen sozusagen »unbelichtet« mit ins Grab. Es blieben ihm also immer noch genügend viele verfügbar, wenn er sie nur benutzen wollte! Außerdem steht die Rückbildung aller anderen Körperfähigkeiten genauso wenig außer Zweifel, ohne daß man ähnlich pessimistische Folgerungen daraus zöge wie in bezug auf das Gehirn. Die Augenlinse verliert ihre höchste Biegsamkeit bereits nach dem zwölften Lebensjahr. Der Gedankenfluß des älteren Menschen ist gebremst. Eine Intelligenzminderung ist damit nicht verbunden. Dafür schöpft der Ältere aus größerer Erfahrung und verfügt über mehr Routine als der Jüngere. Der britische Philosoph Bertrand Russell nahm noch mit 97 Jahren zum politischen Tagesgeschehen Stellung, während Leute mit 65 erklären, sie verstünden nun die Welt nicht mehr. Igor Strawinski komponierte noch mit 87, der Physiker Albert Einstein vermochte auch mit 76 noch anhaltend zu arbeiten. Geistige Regsamkeit braucht sich nicht ausschließlich in großen Werken zu äußern. Wir haben genug Beispiele für aktive ältere Mitbürger in unserer täglichen Umwelt. Wer vielseitig interessiert und geistig aufnahmewillig ist, der ist auch aufnahmefähig. Wer wach am Leben teilnimmt, wirkt zudem viel jünger. So wundert es nicht, wenn die Statistik feststellt, daß Verheiratete länger leben als Junggesellen. Ihre seelische Lage ist ausgeglichener. Unter den Alleinstehenden finden sich mehr Trinker als unter den Eheleuten, neigen mehr Menschen zu Unfällen, ist die Freitodrate höher. Ein weiteres Mittel zur Verlängerung des Lebens ist Arbeit. Arbeit erhält beweglich. Was die Statistik sagt, gibt über Tendenzen Aufschluß. Ob die Aussichten des Einzelnen dem Durchschnitt entsprechen, bleibt offen. Die Medizin kann sagen, was man tun soll, um sich möglichst gesund zu halten. Ob man es dann bleibt, ist erbbedingtes Schicksal und

Zufall. So gibt es keinen Mangel an Patentrezepten zum Altern. Der Jungbrunnen ist ein uralter Wunschtraum der Menschheit. Aus Wunschträumen ließ sich schon immer Kapital schlagen.

1. Führen Sie eine Selbsteinschätzung ihres Alters durch und beschreiben Sie dabei , was Sie im Vergleich zu anderen , etwa Gleichaltrigen , jung und alt erscheinen läßt .

Wie kann man das Alter eines Menschen bestimmen? Die spontane Antwort darauf wird wohl sein: dumme Frage! Man schaut nach dem Geburtsdatum und weiß damit, wie alt jemand ist. Diese Antwort ist jedoch nur ein Stück weit richtig. Denn Alter ist nicht gleich Alter, und jeder altert auf seine Art und Weise. Mit Gewißheit sehen nicht alle Mitschüler gleich alt aus. Daher unterscheidet man in den Sozialwissenschaften verschiedene Arten von Alter und Altern:

Das kalendarische Alter

Diese Art der Altersbestimmung ist die gängigste bei uns. »Ich bin achtzehn Jahre alt«. Damit ist eine Altersbestimmung eindeutig: Alle am gleichen Tag Geborenen sind gleich alt, alle im gleichen Jahr Geborenen sind im gleichen Jahrgang (»die Achtzehnjährigen«), alle innerhalb bestimmter Altersgrenzen gehören zu einer bestimmten Altersgruppe (Kinder, Jugendliche, Erwachsene, Senioren). Mit dieser Art von Altersbestimmung zählt nicht, ob jemand auch »reif« ist für sein Alter, ob die seinem Alter entsprechenden körperlichen und geistigen Fähigkeiten entwickelt sind. Man geht eben davon aus, daß mit dem Erreichen eines bestimmten Kalenderalters automatisch eine gewisse Reife erworben wird . Das Erreichen eines bestimmten kalendarischen Alters hat Konsequenzen in der sozialen Umgebung: Man erwirbt Freiheiten, Rechte und Pflichten, von einem Menschen wird ein dem Alter entsprechendes Verhalten erwartet (siehe »soziales Alter«).

Beispiel: Zum Schuleintritt muß man mindestens sechs Jahre alt sein, bis achtzehn Jahre ist man schulpflichtig, ab achtzehn Jahre wehrpflichtig usw. .. Kindliches Verhalten ist beim 10jährigen selbstverständlich, beim 16jährigen dagegen wird es als »kindisch« bezeichnet.

In manchen Berufen (z. B. öffentlicher Dienst) findet man in ähnlicher Form eine Altersberechnung: das Dienstalter. Man ist eine bestimmte Anzahl von Jahren im Dienst, und dies wirkt sich in Bezahlung und Beförderung aus. So wird man z. B. altersbedingt befördert, egal ob man mehr oder weniger gearbeitet hat, ob gut oder schlecht.

Das soziale/soziologische Alter

Die Erwartung der sozialen Umgebung (Familie, Freunde, Arbeitskollegen, Nachbarn, gesamte Gesellschaft) beeinflussen unser Verhalten. Soziales Alter bedeutet nun: Ab einem bestimmten Alter darf/muß man dies oder jenes tun, was von der sozialen Umgebung erwartet wird. Die soziale Umgebung gibt Rechte und fordert Pflichten, in Abhängigkeit von dem Erreichen eines bestimmten Alters. Bei uns ist eine Unterteilung in folgende vier Altersgruppen üblich: Kind, Jugendlicher, Erwachsener, alter Mensch. (Dies ist auch eine soziologische Einteilung, denn häufig wird in der Soziologie diese Einteilung als Unterscheidungsmerkmal zwischen verschiedenen Gruppen verwendet.) Mit jedem dieser sozialen Altersstufen sind typische Erwartungen verbunden, und so wurde beim vorangehenden Beispiel aus dem kindlichen Verhalten (= typisch für Kind) ein kindisches Verhalten (= untypisch für Jugendlichen). In vielen einfachen Gesellschaften, in denen man mitunter das kalendarische Alter des Einzelnen nicht genau registriert, zählt nur die Einteilung in soziale Altersstufen. Bei uns dagegen hängt das soziale Alter sehr eng zusammen mit dem kalendarischen Alter, z.B. beim alten Menschen: Der Renteneintritt hängt vom Kalenderjahr ab, mit dem Renteneintritt sind soziale Folgen verbunden: Ab jetzt wird man als alt angesehen. Da vom alten Menschen ein anderes Verhalten erwartet wird als vom jungen, ändert der Betroffene sein Verhalten entsprechend. Bestimmte Verhaltensweisen werden jetzt öfter gezeigt, andere werden völlig gelassen. Der Betroffene übernimmt die Altenrolle . Es gibt jedoch Grenzbereiche, in denen sich soziales Alter und kalendarisches Alter nicht exakt decken: Man kann früher oder später in Rente gehen, man kann als gerade erwachsen gewordener (20 Jahre) noch nach dem Jugendstrafrecht beurteilt werden u.a.

Das biologische Alter

Nach dem biologischen Alter schätzen wir jemanden ein, wenn wir sein Kalenderalter nicht kennen und dennoch sein Alter bestimmten möchten:»Er sieht aus wie ein Sechzigjähriger, also wird er wohl um die 60 sein«. Wir geben unser Urteil auf Grund äußerer Merkmale, auf Grund biologisch-physiologischer Anzeichen: die Art der Haare, Falten, die Art des Ganges... Der Körper altert, die Körperzellen altern, diese Altersprozesse zeigen sich nach außen in Aussehen, Leistungsfähigkeit, Gesundheit, Verhalten und Einstellung. In Kindheit und Jugend bedeutet Altern Wachstum und Reife (z.B. Geschlechtsreife), im Erwachsenenalter bedeutet es ab einem bestimmten Zeitpunkt Abbau. Dem biologischen Alterungsprozeß ist der Mensch während seines ganzen Lebens unterworfen. Er kann in seiner Geschwindigkeit sehr unterschiedlich sein, ist aber kein unbeeinflußbares Schicksal.

Verschiedene Anzeichen des Alterns:

- der Verlust von (nicht mehr ersetzbaren) Nervenzellen kann zu einem Leistungsabbau des Gehirns führen
- der Rückgang der Muskelmasse wird von einer Zunahme des Fettgewebes begleitet
- ab 40 Jahren läßt die Fähigkeit des Organismus nach, Kalzium aus der Nahrung zum Aufbau der Knochen zu verwerten

- die Kapazität von Lunge und Herz nimmt zwischen dem 25. und 85. Lebensjahr bis zu 50% ab
  die Immunleistung nimmt im Laufe des Lebens ebenfalls ab und die Produktion von roten und
  weißen Blutkörperchen geht zurück
- die Fähigkeit hohe Töne zu hören nimmt ebenfalls mit zunehmendem Alter ab
- die obersten noch wahrgenommenen Frequenzen sinken von 20 000 Hz auf 8 000 bis 10 000 Hz
- die Fähigkeit der Linse des Auges, ein Objekt in der Nähe zu fokussieren, nimmt infolge
  verminderter Verformbarkeit ab
- die Nierenfunktion nimmt ab dem 40. Altersjahr pro Jahr um 1% ab

Dadurch , daß alte Menschen zumeist langsamer reagieren können und ihre Wahrnehmungsfähigkeit nachläßt , sind sie auch besonders im Straßenverkehr gefährdet . Die Unabwendbarkeit des Alterungsprozesses wirkt für viele Menschen angsterregend , insbesondere in einer Art , in der die jugendliche Gestalt als ideal angesehen wird .

Beispiel: Mit zunehmendem Erwachsenenalter ändert sich das Aussehen (Faltenbildung, Haarausfall, härtere Haut), es treten körperliche Abnutzungserscheinungen auf (Athrose, Magengeschwür), geistige Fähigkeiten wie Intelligenz und Gedächtnis ändern sich, man wird ruhiger und langsamer, die politische Einstellung wird konservativer, man spricht häufig von »früher« usw.

Das psychologische Alter

»Man ist so alt wie man sich fühlt« drückt die psychologische Altersbestimmung aus. Auf Grund der Selbstbeobachtung ordnet man sich einem bestimmten Alter zu. Die Bestimmung des psychologischen Alters kann dabei losgelöst vom kalendarischen oder sozialen oder biologischen Alter geschehen. Man kann sich also jung fühlen trotz grauer Haare. In der Regel wird man sich jedoch entsprechend der sonstigen Altersbestimmungen selbst einschätzen.

Beispiel: Selbst wenn man sich voll arbeitsfähig fühlt, wird man in der Regel ab einem bestimmten kalendarischen Alter in Rente geschickt. Dies ist für viele ein Schock: »So alt bin ich also schon«. Diese psychologische Altersbewertung führt dann zum Feststellen biologischer Anzeichen: Haarausfall, auftretende Müdigkeit und Lustlosigkeit, Krankheitsanfälligkeit. Zudem wird die soziale Bewertung übernommen: Man fragt sich, wozu man jetzt noch gut ist.

Zusammenfassung

Man kann ein kalendarisches, ein soziales, ein biologisches und ein psychologisches Alter bestimmen. Der Altersprozeß läuft auf jeder dieser vier Ebenen ab, wobei wohl nur das kalendarische Alter unabhängig von den anderen ist. Ansonsten werden biologisches, soziales und psychologisches Alter voneinander beeinflußt und beeinflussen sich gegenseitig.

Wenn man an sich noch keine biologischen Altersanzeichen feststellt und sich psychologisch auch noch fit fühlt, bedeutet die soziale Altersbewertung »Pensionierung« noch lange nicht das Ausscheiden aus dem Arbeitsleben. Denn man wird sich dann eben neue Arbeitsfelder suchen (z.B. mithelfen bei den Kindern). Findet man solche neuen Arbeitsfelder nicht, hat dies Auswirkungen auf psychologisches und biologisches Altern: Man wird sich sagen, daß man doch alt ist. Und sofort wird man dann auch am Körper sein Alter spüren.

Ich bin jetzt 19 Jahre alt , kalendarisch gesehen . Vor 3 Jahren beendete ich die Schule mit einem Realschulabschluß . Mein größter Berufswunsch war es schon immer , das ich einen Beruf ergreifen kann in dem ich mich um hilfsbedürftige Menschen kümmere . Aus diesem Grunde wollte ich Kinderkrankenschwester werden . Ich mußte aber einsehen , daß nicht mehr so viele Kinder geboren werden und somit dieser Beruf wenig Zukunft haben wird . Daran anschließend entschied ich mich eine Ausbildung zur Krankenschwester zu absolvieren , eine Zugangs-voraussetzung für die Ausbildung war aber das kalendarische Alter von 17 Jahren . Diese Voraussetzung konnte ich leider noch nicht erfüllen und so besuchte ich eine Berufsfachschule „Sozialpflege " . Diese Zusatzausbildung dauerte insgesamt ein Jahr inklusive eines Praktikums . Dieses absolvierte ich im Sangerhäuser Krankenhaus . In diesem Praktikum wurde ich zum ersten Mal richtig mit alten und kranken Mitmenschen konfrontiert und ich stellt fest , das der alte Mensch durchaus noch leistungsfähig und aktiv seinen kann . Nach dieser Zusatzausbildung absolvierte ich ein freiwilliges soziales Jahr in dem Allstedter Altenpflegeheim . Am Anfang des sozialen Jahres hatte ich ein wenig bedenken , ob ich es schaffen mit alten Mitmenschen richtig und für sie zufriedenstellend umzugehen . Ich wußte nicht , was mich so im einzelnen genau erwarten würde . Aber es wendete sich alles zum guten und mir viel der Abschied sehr schwer . Und so kam es das ich mich über eine Zeitungsannonce für den Beruf des Altenpflegers interessierte und bewarb . Auf die Fragestellung was macht mich jung , was macht mich alt zu anderen Gleichaltrigen kann man folgendes feststellen .

Im Vergleich zu anderen , 19-jährigen , macht es mich jung das ich noch keine eigene Familie gegründet habe um die ich mich kümmern muß und somit auch entsprechend Verantwortung trage . Ich kann mich voll und ganz auf meine Ausbildung konzentrieren und im Grunde unbeschwert mein Leben genießen . Auch der Faktor der Kleidung und Frisur macht mich jung im Vergleich zu anderen . Meine Kleidung wähle ich so aus , das sie zu meinem Typ und meiner Einstellung paßt . So stelle ich sie so zusammen , das sie mich jung erscheinen läßt und ich nicht in die Gruppe der

30-jährigen eingeordnet werde . Meine jugendliche Unbekümmertheit macht mich ebenfalls jung . Alt macht mich z.B. die Tatsache das ich in meinem Alter nicht mehr zur Disco oder in den Jugendclub gehe , was ich vor ca. 3 Jahren noch aktiv tat . Ich habe festgestellt ,das sich mit zunehmendem Alter die Interessen deutlich verändern und es wichtigeres gibt als in die Disco zu gehen . Auch durch das Praktikum und meine jetzige Ausbildung bin ich selbstbewußter und aufgeschlossener geworden . Ich war früher sehr zurückhaltend . Wie mich andere einschätzen würde ich sagen , die anderen sehen mich von ihrem Standpunkt aus ganz anders . Andere Menschen besitzen andere Wertvorstellung und Ideale bzw. Wertvorstellungen von einem anderen Menschen ihrer Altersgruppe . Aus Gesprächen mit meiner Freundin konnte ich erfahren , das sie mich als relativ alt einschätzt . Zur Begründung nannte sie als einen Punkt , mein mangelndes Interesse an Disco , Jugendclub , Kneipe usw. , kurz alle Interessen der heutigen Jugend . Auch die Tatsache das ich mich sehr wenig bzw. sehr dezent schminke ist ein Punkt der mich in ihren Augen alt aussehen läßt .

2. Arbeiten Sie Besonderheiten des älteren Menschen aus ihrer Sicht heraus und stellen sich zugleich die Frage , was den alten Menschen alt und jung erscheinen läßt .

In unserer Industriegesellschaft sind die meisten alten Leute isoliert, ohne Funktion. Das Rentengesetz bestimmt, wann wir aus dem Berufsleben ausscheiden. Andererseits steigt durch den Fortschritt der Medizin unsere Lebenserwartung. Versorgungs- und Versicherungsleistungen sichern die materielle Existenz, aber alte Menschen brauchen geeigneten Wohnraum, brauchen Kontakte, und das zu ermöglichen, ist eine der wichtigsten Aufgaben der Architekten und Stadtplaner. In der Bundesrepublik Deutschland leben nur 5% der Alten in einer „geschlossenen Altenpflege ", da sie so lange wie möglich in gewohnter Umgebung bleiben und selbständig wirtschaften möchten. Hier helfen die Wohlfahrtsverbände der Kirchen oder des Roten Kreuzes, leisten „offene Hilfe" und sorgen für die zur Existenz so wichtigen Kontakte.

Als Voraussetzung für eine optimale Selbständigkeit im Alter empfiehlt sich körperliche Betätigung und Sport ebenso , sich früh Interessen zuzuwenden, die den späteren Lebensabend ausfüllen können. Vor allem muß der alten Menschen endlich einen sinnvollen Platz in unserer auf Leistung und Dynamik der Jugend setzenden Gesellschaft finden . Krankheit und Hilfsbedürftigkeit sind nicht für das Alter typisch. Dennoch gibt es Krankheiten, die im Alter häufiger vorkommen als in jungen und mittleren Jahren. Auch innerhalb der höheren Altersgruppe nehmen Krankheiten und Behinderungen mit zunehmendem Alter zu. Für das Alter typisch ist die "Multimorbidität – das Nebeneinander verschiedener Krankheiten. Psychische Veränderungen und Erkrankungen sind im Alter im Zunehmen begriffen und zum Problem geworden. Eine Vielfalt von Ursachen lösen im Alter leicht Verwirrtheit aus, die der Krisenintervention bedarf. Da der alte Mensch jedoch „nicht selten rehabilitierbar ist", bedarf dies "nicht gleich und stets der dauernden Institutionalisierung ".

Psychisch kranke alte Menschen leiden wesentlich häufiger als andere alte Menschen auch an körperlichen Leiden; umgekehrt sind körperliche Leiden ein Risikofaktor für psychische Leiden. Sozialkontakte im Alter werden besonders wichtig. Ein höheres Wohlbefinden und größere Zufriedenheit geht mit einem größeren Ausmaß an Sozialkontakten in den verschiedenen sozialen Rollen einher, wobei außerfamiliäre Rollen für viele Menschen im Alter eine größere Bedeutung haben als Eltern-Kind-Rollen. Es gilt also: Die Interaktion mit Freunden und Bekannten ist bei Großeltern stärker mit Lebenszufriedenheit verbunden als die Interaktion mit ihren inzwischen herangewachsenen Enkelkindern, deren Welt doch manchmal eine ganz andere ist. Innere Nähe bei äußerer Distanz oder auch Intimität auf Abstand geht für die Mehrheit der Betagten eher mit höherer Lebensqualität im Alter einher als das Zusammenwohnen in einem Mehrgenerationenhaushalt. Ein hohes Ausmaß an familiären Kontakten muß nicht notwendigerweise eine höhere Qualität bedeuten. "

Jeder von uns wünscht sich ein lebendiges, selbstschöpferisches, erfülltes Alter und ist sich doch dabei bewußt, daß wir letztendlich nicht allein darüber entscheiden können, wie sich unsere letzte Lebensphase gestalten wird. Altern bedeutet nicht nur, auf dem bisher Erlebten aufzubauen und Erworbenes weiterzuführen, mit Gelassenheit zurückzublicken oder es zurückzulassen, sondern auch das Annehmen von Kräfteabbau und Rückgang der körperlichen Leistungsfähigkeit. Erfülltes Altern kann auch bedeuten: fähig werden, mit Einschränkungen zu leben. Auch wenn die Bedingungen für unseren letzten Lebensabschnitt nicht völlig vorprogrammierbar sind, können wir doch durch frühzeitige Auseinandersetzung mit dem möglichen Altersprozeß Entwicklungen steuern, die Vereinsamung und Rückzug verhindern und oft eine Fortsetzung des bisherigen Lebensstils ermöglichen, wenn auch meist in reduziertem Rahmen. Zu den wichtigsten Vorbereitungen für das Alter gehört das bewußte Erleben des "Jetzt und Heute", das Erkennen, daß die Grundlagen für das spätere Altern schon viel früher, aber spätestens heute gelegt werden müssen. Dies erfordert ein verantwortliches Umgehen mit der eigenen Gesundheit schon in jüngeren Jahren, das Erhalten von Freiräumen neben den beruflichen Anforderungen, den Aufbau von menschlichen Beziehungen, solange wir "mitten im Leben stehen", die Annahme des Ich; auch als Loslassen vom "Haben" und die Zuwendung zu Formen des "Seins" werden zunehmend wichtig . Jeder hat eine andere Einstellung zum Alter . Einer sagt von sich aus z.B. „Ich bin zwar schon fünfundvierzig , fühle mich aber immer noch wie mit dreißig " oder „Er ist zwar schon über siebzig aber schaut aus wie ein fünfzigjähriger ". So steht jeder zu seinem Alter . Es kommt auch auf das Äußere eines jeden einzelnen an , z.B. wie er sich kleidet . Wenn der alte Mensch sehr dunkle Kleidung trägt , macht ihn das traurig und sehr alt . Im Vergleich wenn er sich hellere Kleidung anzieht wirkt das auf den Menschen sehr freundlich und er sieht jünger aus .Einige alte Menschen im Pflegeheim haben von sich selber eine negative Einstellung zu ihrem Alter . Sie fühlen sich nutzlos bzw. von der Familie ausgegrenzt . Dadurch kommen sie in eine gewisse Isolation und Depression. Der alte Mensch der noch aktiv im gesellschaftlichen Leben steht wird von sich selber ein ganz anders positives Selbstbild haben als ein stark pflegebedürftiger Mensch in einer Pflegeeinrichtung . Der eine ist unabhängig und selbständig und der andere befindet sich in einer gewissen Abhängigkeitssituation . Der Mensch allgemein verhält sich meist so wie es die Gesellschaft , also die Umwelt , von ihm erwartet . D.h. ein 80 - jähriger Mensch wird , mit einigen Ausnahmen , sicherlich nicht mehr in die Disco gehen , denn die Gesellschaft sieht das als ein nicht altersgerechtes Verhalten an . Der 80 - jährige fühlt sich aber noch nicht wie 80 und möchte auch gern mit seinen Enkelkindern aktiv sein . Wenn er mit ihnen in die Disco geht , dann ist das für ihn ein Ausdruck der „jugendlichen Unbekümmertheit ". Diese Einstellung wird aber leider von der Gesellschaft nicht so gesehen . Die Ausübung von jugendlichen Aktivitäten im Alter halten eine alten Mensch jung . Warum kann denn nicht auch der alte Mensch zur Disco oder auf den Jahrmarkt gehen und sich dort vergnügen , wenn es ihm Spaß macht und es dadurch zu mehr Lebensfreude kommt . Einige alte Menschen die aus der negativen Vorstellung zum Verhalten der alten Menschen ausbrechen nutzen z.B. sehr intensiv das Internet . Das weltumspannende Computernetzwerk Internet ist längst nicht mehr nur Tummelplatz von Studenten oder Unternehmen – auch ältere Menschen katapultieren sich immer öfter per Mausklick ins größte Datennetz der Welt. In ganz Deutschland bilden sich derzeit „ Senioren ans Netz " - Gruppen. Das Netz der Netze hält für ältere Menschen inzwischen ein beachtliches Angebot parat: Von Diskussionsforen und Kochrezepten über die Bettenbörse in Behinderten- und Seniorenstiften bis hin zu Informationen über Reisen, Mode oder Haushaltshilfen findet sich so ziemlich alles. Sogar das Seniorenstudium per Internet wird online offeriert. Auf ihren eigenen Seiten im Web präsentieren Rentner der übrigen Web - Gemeinde die eigenen Hobbys oder werben für den Chor, in dem sie seit langem Mitglied sind. Vor allem Menschen auf dem Land oder Gehbehinderte nutzen das Internet inzwischen auch, um lästige Alltagspflichten wie das Bezahlen von Rechnungen zu erledigen . Auch die sportlichen und ehrenamtlichen Tätigkeiten halten eine alten Menschen jung , denn man ist immer so alt wie man sich fühlt . Mäßiges, aber regelmäßiges Training nach ärztlicher Überwachung hilft nicht nur, beweglich und damit selbständig zu bleiben, sondern man stabilisiert damit auch den Kreislauf und die Atmung sowie Stoffwechsel und Durchblutung. Sport in Maßen schadet einem gesunden Menschen in keinem Alter und kann kleinere "Gebrechen" lindern helfen. Es müssen ja nicht gleich Hochleistungen sein. Schwimmen, Wandern, Laufen, Kegeln, Radfahren und Federball sind einige Beispiele für Sportarten, die man auch im Alter sehr gut durchführen kann. In den Abteilungen für Seniorensport, die inzwischen viele Sportvereine, Altenclubs, Gemeinden und Wohlfahrtsverbände eingerichtet haben, kann man unter sachgemäßer Leitung trainieren und außerdem Gleichgesinnte kennenlernen. Beim Sport trefft man sicherlich auch nette Leute, mit denen man vielleicht noch andere Dinge planen und durchführen können. Gemeinsam geht vieles leichter – das gilt auch für Sport und Gymnastik. Sport hält jung und körperlich sowie geistig fit .

3. Wie stellt die Gesellschaft den älteren Menschen dar ? Können Sie sich mit dieser Bewertung des älteren Menschen einverstanden erklären , warum „ja", warum „nein " .

Seit den späten 60er Jahren ist die Jugendlichkeit wie nie zuvor zum Maß aller Dinge, zu einem der höchsten gesellschaftlichen Werte überhaupt aufgestiegen. Alles was erstrebenswert ist, orientiert sich an dem, was schön angenehm, erfolgreich und gesund ist oder kurz ausgedrückt an der Jugend. Alter hingegen steht für das Unerwünschte schlechthin .In den USA wurden 1992 eine Millionen Schönheitsoperationen durchgeführt. Es gibt Anzeichen dafür, daß das Bild des Alters in den letzten 10 Jahren wieder positivere Konturen gewonnen hat. Doch das durch die Medien verbreitete Bild weicht von der Norm ab. In Zeitungsartikeln und Fernsehfilmen kommen alte Menschen im Vergleich zu jüngeren selten vor. Laut der Berliner Sozialwissenschaftlerin Eva Maria Bosch trägt dieses unvollständige und unauthentische Bild in den Medien, zur Verstärkung der Passivität älterer Menschen bei. Die älteren Menschen vergleichen sich mit diesen unerreichbaren Vorbildern und trauen sich so kaum mehr etwas zu. So besteht auch in der Öffentlichkeit meist das Vorurteil, daß es sich beim Altern um vermeintlich unabwendbare Veränderungen handelt. Dabei wird individuellen Unterschieden im Alterungsprozeß kaum Raum gelassen. Die Allgemeinheit sieht den älteren Menschen als vereinsamte, abhängige, isolierte und hilfsbedürftige Person. Neben dem Abbau körperlicher Leistungsfähigkeit wird auch eine Abnahme der kognitiven Fähigkeiten unterstellt. Die an eine biologische Veränderung gebundene konkrete Verhaltensweise wird auf die gesamte Person und deren soziales Handeln übertragen. Wenn z. B. ein älterer Mensch einen langsamen Gang hat, wird ihm Inaktivität unterstellt. Immer seltener fallen positive Vorstellungen ein, die damit zu tun haben, daß Altwerden etwas Erstrebenswertes sein kann, weil es mit Weisheit, Ruhe oder Erfahrung zu tun hat. Dieses Bild, das andere von älteren Menschen haben, kann man als Fremdbild des älteren Menschen bezeichnen.

Die Gesellschaft stellt den älteren Menschen so dar, das der alte Mensch aufgrund des Alterungsprozesses abgeschoben wird und in der heutigen Gesellschaft keine Verwendung mehr findet . Seine Lebenserfahrung erweist sich unter den heutigen Bedingungen unserer schnellebigen Zeit zumindest vordergründig als untauglich und „veraltet " um von den nachwachsenden Generationen noch als brauchbarer Erfahrungsschatz angesehen zu werden . Die Folge dieses Funktionsverlustes sind eine erhebliche Begrenzung des Verhaltensspielraumes , ein Zwang zur Inaktivität und das Gefühl der Überflüssigkeit .

Mit der negativen Haltung der Gesellschaft zum Alter und mit der Ausgrenzung der älteren Mitmenschen erkläre ich mich nicht einverstanden , aus den folgenden Punkten .

Das Bundesministerium für Familie, Senioren, Frauen und Jugend, hat kürzlich in Berlin gemeinsam mit Wissenschaftlern die Ergebnisse einer weltweit einmaligen Altersstudie vorgestellt. Diese Studie ist eine der führenden Forschungsarbeiten zur Situation hochbetagter Menschen (70 Jahre und älter). Unter dem Titel "Die Berliner Altersstudie" fördert die Bundesregierung seit

1989 dieses interdisziplinäre Forschungsprojekt. Die Altersstudie untersucht erstmals die Lebenssituation der Hochbetagten aus der Sicht verschiedener Disziplinen wie Medizin, Geriatrie, Psychiatrie, Psychologie und Soziologie. Diese Erkenntnisse sind für eine aktive Seniorenpolitik von erheblicher Bedeutung. Sie sind wichtig, weil die Zunahme der Hochbetagten die eigentliche demographische Revolution darstellt. Mehr als die Hälfte aller Menschen in Deutschland wird älter als 70 Jahre. Die Ergebnisse der Berliner Altersstudie geben Anlaß zu Optimismus. Es hat sich z. B. die Annahme als falsch erwiesen, daß das hohe Alter eine insgesamt problematische und negativ zu bewertende Lebensphase sei. Vielmehr belegt eine Fülle von Befunden positive Aspekte des Alters. So fühlen sich Menschen über 70 Jahre nicht nur überwiegend selbständig, sie sind es auch tatsächlich: 90 Prozent leben in Privathaushalten. 75 Prozent der in Privathaushalten lebenden alten Menschen benötigen keine regelmäßige Hilfe von außerhalb. 90 Prozent sind nicht pflegebedürftig. Im Gegensatz zu landläufigen Vorstellungen leben auch Hochbetagte aktiv in der Gegenwart. Über 60 Prozent setzen sich mit aktuellen und zukunftsbezogenen Fragen auseinander, und zwar sowohl in privaten als auch in außerhäuslichen Belangen. Immerhin sind 40 Prozent Mitglied eines Vereins, 11 Prozent üben ehrenamtliche Tätigkeiten aus, 13 Prozent nehmen an Weiterbildungsaktivitäten teil. Insgesamt sind ältere Menschen nicht häufiger depressiv und nicht weniger mit ihrem Leben zufrieden als jüngere Erwachsene. Nur 9 Prozent zeigen depressive Symptome. Alte Menschen, insbesondere Frauen, leisten bis ins hohe Alter hinein Hilfe füreinander und für nachfolgende Generationen. Etwa 40 Prozent der alten Menschen geben nicht nur immaterielle, sondern auch materielle Hilfen. Sie transferieren jährlich rund 10.000 Mark an die Kinder und Kindeskinder. Die Berliner Altersstudie liefert auf der anderen Seite auch Belege für ein zweites Gesicht des hohen Alters: Die Unausweichlichkeit des körperlichen und geistigen Abbaus, die Zunahme chronischer Leiden mit höherem Alter und die vielfältigen Folgen von körperlichen und geistigen Einschränkungen für eine aktive und selbständige Lebensführung sind insbesondere ab dem 80. Lebensjahr zu beobachten. Hinzu kommt das Problem der Demenz: Wenn man 90 Jahre und älter wird, steigt die Wahrscheinlichkeit, an Altersdemenz zu erkranken, auf 50 Prozent und darüber.

Nach einer 1986 abgeschlossenen Untersuchung sind in Baden-Württemberg ca. 27% aller im sozialen Bereich ehrenamtlich Tätigen über 60 Jahre alt. Dabei dient ihre Tätigkeit v.a. ihrer eigenen Generation (»Alte helfen Alten«): Besuchsdienste und Hilfe in der Freizeitgestaltung, Hilfe in Haushalt und Wohnung. Außerhalb des Bereiches der sozialen Betreuung gibt es ebenfalls Beschäftigungsmöglichkeiten für aktive »Senioren«, so z.B. Der »Senior-Experten-Service«: Er entsendet sogenannte Senior-Experten in Klein- und Mittelbetriebe von Entwicklungsländern, die dort Hilfe zur Selbsthilfe geben. Auch im Bereich der ehemaligen DDR werden pensionierte Experten beim Aufbau von Betrieben eingesetzt. Gründungshelfer: Ehemalige Unternehmer und Wirtschaftsführer beraten junge Unternehmer bei Firmengründung und in der Aufbauphase.

»Kompanie des guten Willens«: Unter Vermittlung der evang. Kirche werden Rentner für Bauarbeiten an karitative Organisationen vermittelt. Diese Aktion hat ihren Ursprung in der Stadt

Hagen. Modellprojekt neue Technologien: In Baden-Württemberg bilden im Rahmen eines Modellprojektes Rentner arbeitslose Jugendliche im Bereich der neuen Technologien aus, um deren Arbeitschancen zu verbessern. »Zeugen der Geschichte«: In Berlin werden alte Menschen als Zeugen erlebter Geschichte in der Erwachsenenbildung und in der Jugendarbeit (Schulen) eingesetzt. In Baden-Württemberg wird 1991 das Modellprojekt »Seniorengenossenschaften« gestartet. Hier kann der einzelne sich seine Hilfe bei der Betreuung von alten Menschen gutschreiben lassen für den Zeitpunkt, zu dem er selbst Hilfe und Betreuung braucht. Damit werden zwei Fliegen mit einer Klappe getroffen: zum einen kann der aktive alte Mensch durch seine Mitarbeit und Hilfe etwas sinnvolles leisten und selbst noch sozialaktiv sein, zum anderen erlebt er sich »abgesichert« für den möglichen Zustand des Hilfsbedürftigseins.

4. Nennen Sie Einflußfaktoren , die das Selbst – und das Fremdbild vom Alter beeinflussen . Arbeiten Sie zugleich heraus , welche Möglichkeiten es gibt , das Fremdbild – und Selbstbild vom Alter zu beeinflussen .

Nach FREUD besteht Selbstachtung aus drei Komponenten, nämlich dem verbliebenen infantilen Narzissmus, der Erfüllung von Ich-Idealen und der Befriedigung der Objektlibido (damit ist der Gefühlszustand gemeint, der sich einstellt, wenn Liebe erwidert wird). Innerhalb des Strukturmodells wird Selbstachtung eher allgemein in Ausdrücken definiert, die die Fähigkeit eines Menschen beschreiben, sich der Über-Ich-Norm anzupassen.

- das *ideale Selbst*, das sich auf die Vorstellung eines Individuums bezieht, wie es seiner Meinung nach sein sollte oder sein möchte (das ideale Selbst liefert den normativen Hintergrund für das Selbstkonzept und seine Beurteilung erweist sich durchgängig als positiv, relativ stabil und ziemlich abhängig von Variablen wie Geschlecht, Alter, sowie auch klinischer Diagnose usw.),
- das *negative* oder *unerwünschte* Selbst, das sich vorwiegend auf unerwünschte Aspekte des Selbst bezieht,
- die *Selbstbewertung*, die die Einschätzung des Individuums erfaßt, inwieweit seine Bestrebungen, das Reale dem idealen Selbst angenähert zu haben, erfolgreich waren.

Das Fremdbild stellt sich wie folgt dar :
Die Wahrnehmung anderer Personen besteht nicht aus einer Reihe abgelöster und beziehungsloser Beobachtungen; vielmehr werden die einzelnen Beobachtungen zu einem vereinheitlichten Eindruck der Gesamtpersönlichkeit integriert. Aufgrund des bereits bekannten Wahrnehmungsgesetzes, daß Einzelheiten zusammengefaßt und Reizfelder strukturiert werden, gelingt es schon nach recht wenigen Informationen einen ziemlich stabilen "Ersten Eindruck" von der Persönlichkeit eines anderen Menschen zu gewinnen. Für den Beobachter ist eine andere

Person als sozialer Gegenstand Ausgangspunkt für eine Vielzahl von Reizen, die er über seine Sinnesorgane aufnimmt. Aus dieser Fülle wählt er – in der Regel unbewußt – nur die für ihn hervorstechenden aus. Der erste Eindruck wird dann auf der Grundlage dieser wenigen Auswahlkriterien, die der Einzelne im Lauf seiner persönlichen Lerngeschichte entwickelt hat, aufgebaut. Für manche stellt die Kleidung den bemerkenswertesten Aspekt einer Person dar, für andere ist es die Körperstatur, die Hautfarbe, die Sprechweise oder irgend ein anderes beobachtbares Merkmal der Person. Welche Beurteilungsgesichtspunkte Verwendung finden, hängt auch ab von den kulturell bedingten Normen und Wertehaltungen des Wahrnehmenden, von dessen unmittelbarem gefühls- und erlebnismäßigen Zustand und seinem Wissen über den zu Beurteilenden.

Einflußfaktoren die auf das Selbst – und Fremdbild wirken können sind z.B. :

- schulische Bildung ,
- Entwicklung von Bildungsgewohnheiten und -interessen im Lebenslauf,
- Interessen, Fähigkeiten und Fertigkeiten in den verschiedenen Lebensabschnitten,
- Entwicklung von Lebensstilen und Coping-Techniken im Lebenslauf,
- Bereitschaft zur Selbsterziehung und Charakterbildung ,
- persönlich bedeutsame Ereignisse, Erfahrungen, Zäsuren im Lebenslauf,
- Tolerierung verschiedener Glaubens – und Religionshaltungen ,
- Entwicklung von Kontaktstilen und -bedürfnissen im Lebenslauf,
- Rollendefinitionen des Alter durch gesellschaftliche Institutionen,
- gesellschaftliche Erwartungen an das Leben im Alter („Leitbilder,,),
- historische, politische, kulturelle Entwicklungen während des Lebenslaufes.

Möglichkeit der Selbstbild – und Fremdbildbeeinflussung

- gemeinsame Reisen von jungen und alten Menschen

Mit der alten Freundin oder dem alten Freund nach Paris, in die Lüneburger Heide oder anderswo hin - eine Erfahrung, die beiden - dem / der jungen Menschen und dem alten Menschen - gleichermaßen Spaß, viele neue Eindrücke und vielfach unvergeßliche Erlebnisse bringt. Denn zahlreiche Seniorinnen sind oft Jahre, manche sogar jahrzehntelang nicht mehr verreist: Für die einen sind längere Fahrten ohne die Hilfe Jüngerer zu strapaziös, ja aus gesundheitlichen Gründen heraus unmöglich geworden; für die anderen sind sie längst nicht mehr allein finanzierbar, weil die Rente zu gering ausfällt. So geht es für eine kleine Gruppe alter Freunde und ihre jüngeren Begleiterinnen (die für diese Zeit Urlaub nehmen) in der Regel einmal in jedem Jahr im Sommer für eine Woche raus aus in die weite Welt - und hinein ins Ferienvergnügen mit unterschiedlichen Zielen. Hierfür bezahlen die Seniorinnen nur einen geringen Obolus.

Viele Menschen genießen nach einem erfüllten Leben vor allem ihre Ruhe, andere wollen auch im Ruhestand etwas tun, was sie ausfüllt. Der Begriff "Ruhestand" stammt ja auch aus einer Zeit, in der man der Meinung war, Ruhe und Schonung verlängere das Leben. Heute weiß man, daß eher Selbständigkeit und Aktivität für ein langes und erfülltes Leben verantwortlich sind. Neben den vielen Möglichkeiten, seine Hobbys und Interessen zu pflegen, sucht sicher mancher nach Gelegenheiten, sich nicht nur zweckfrei zu beschäftigen. Wenn man selbst geistig und körperlich in der Lage ist, um die Selbständigkeit zu erhalten, dann kann man auch dazu beitragen, daß anderen geholfen wird.

Zum Beispiel in der Sozialarbeit?

Man kann durch die Hilfe Aufgaben erfüllen, die weder vom Staat noch von Institutionen allein gelöst werden können. Die Wohlfahrtsverbände – die Arbeiterwohlfahrt, der deutsche Caritasverband, das Deutsche Rote Kreuz, das Diakonische Werk der Evangelischen Kirche Deutschlands und andere – geben nähere Auskunft, wenn man sich für die ehrenamtliche Mitarbeit bei einer solchen Organisation interessieren. Eine solche Mitarbeit kann darin bestehen, alten alleinstehenden Mitbürgern bei der Haushaltsführung zu helfen, bestehende Hilfsaktionen wie etwa "Essen auf Rädern" tatkräftig zu unterstützen, aber auch darin, Menschen den sozialen Kontakt zu ermöglichen, der ohne Hilfe vielleicht nicht möglich ist . Ob man einem Blinden vorliest oder einen Behinderten beim Einkaufen begleiten – wie die Hilfe gestaltet wird , hängt von jedem selbst ab . Die Aktion der Bundesregierung "Reden ist Silber – Helfen ist Gold" hat gezeigt, wie vielfältig Hilfe im Rahmen von Organisationen und Initiativen sein kann. Ein Beispiel soll hier für viele andere genannt werden: Friedrich Wagner, Mitglied des Förderkreises Diakonie Lintorf-Angermund e. V., hat einen Besucherdienst in einem Krankenhaus für psychisch Kranke und Suchtpatienten eingerichtet. Erfahrungen aus dem erlernten Beruf können weitergegeben werden .

Als Lehrer im "Ruhestand" ergibt sich vielleicht die Aufgabe, Kindern aus der Nachbarschaft bei den Hausaufgaben zu helfen. Oft können gerade die Älteren auch im Umgang mit Kindern mit Geduld und der größeren Lebenserfahrung durch Rat und Tat mehr ausrichten als Jüngere. Auch Kenntnisse aus einem Hobby können für andere von Nutzen sein – seien es Nähkünste, mit denen man aushelfen könnte, sei es handwerkliche Geschicklichkeit. Kleine Reparaturen im Haushalt, die ein professioneller Handwerker als zu geringfügig zurückweisen würde, könnte man bei einem "Rentnerkollegen" von gegenüber erledigen. Die Nachbarschaftshilfe ist oft die einzige Möglichkeit für einen Pflegebedürftigen, selbständig in den eigenen vier Wänden wohnen zu bleiben. Wenn man selbst körperlich und geistig dazu in der Lage ist, anderen manuell, geistig oder organisatorisch zu helfen, nützt die Umsetzung dieser Fähigkeiten in die Praxis nicht nur anderen, sondern schenkt auch sich selbst Selbstvertrauen . Altenhilfe kann und muß nicht nur für ,sondern auch von Senioren selbst ausgeübt werden. Sicherlich gibt es noch mehr Möglichkeiten um eine Beeinflussung von Selbstbild und Fremdbild zu erreichen . Durch diese Aktivitäten lernt der alte Mensch den jungen Menschen und der junge den alten Menschen besser kennen und verstehen . Beide können dadurch ihr Selbstbild und Fremdbild überprüfen und gegebenenfalls korrigieren .

5. Wo werden Selbst – und Fremdbild vom Alter zum Problem und warum ?

Als besonders verhängnisvoll zeigt sich dabei die Wechselwirkung zwischen dem Altersbild der Gesellschaft und dem Selbstbild des alten Menschen . Der alte Mensch verhält sich entsprechend den Erwartungen , die an ihn gerichtet werden . Mit fortschreitendem Alter wird so dieses Fremdbild mehr und mehr zum Selbstbild und damit zum Maß für die Erwartungen , die der alte Mensch an sich selbst stellt . Das negative Altersbild tritt immer bestimmender in den Mittelpunkt des Lebensgefühles und gewinnt – verstärkt durch die biologische Alterserfahrung und diese wiederum verstärkend – eine zunehmende Bedeutung für die subjektive und auch objektive Situation des alten Menschen . Inwieweit Älterwerden zum Problem für die Persönlichkeit wird , hängt vor allem davon ab , ob die damit zusammenhängenden Ereignisse ein Ungleichgewicht zwischen der bestehenden Identität und den neuen Erfahrungen hervorrufen und als bedrohlich wahrgenommen werden . Nicht die Ereignisse „an sich " sondern deren subjektive Bewertung lösen „Identitätskrisen" aus . Das Selbstbild und Fremdbild werden auch zum Problem wenn man zu einem älteren Mitmenschen sagt ,das er nicht mehr alleine im Hause leben kann weil er nicht allein zurecht kommt . D.h. er benötigt aktive Hilfe . So machen es sich die Angehörigen leicht und schieben den alten aber aktiven Menschen in ein Pflegeheim ab . Sie entscheiden über den Kopf des älteren Menschen hinweg , er wird nicht einmal gefragt ob er das überhaupt möchte . Im Pflegeheim ist es genau umgekehrt . Es wird von den Bewohner eine gewisse Aktivität gefördert . Der abgeschobene Mensch stellt sich natürlich jetzt die Frage : Warum soll ich jetzt aktiv werden , sagen doch alle ich kann nichts mehr . Die vertraute Umgebung der eigenen Wohnung , der eingeschliffene Tagesrhythmus , die mit Erinnerungen verbundenen Einrichtungsgegenstände bedeuten gerade für ältere Menschen Sicherheit , Stabilität und Unabhängigkeit .

Wenn ein Mensch sich nicht ausreichend genug mit dem eigenen Alter beschäftigt und dazu noch ein sehr negatives Fremdbild von sich selbst hat , können innerhalb einer Pflegesituation große Probleme auftreten . Der zu pflegende , zu betreuende Mensch wird dann nur das lebensnotwendigste Erfahren , d.h. die grundpflegerischen Maßnahmen werden durchgeführt aber so , daß sie eben nur erledigt sind . Der alte Mensch wird nie bei so einem Pfleger das menschliche , natürliche verspüren . Man muß immer bedenken , daß jede Pflegehandlung eine Beziehungpflege ist und eine Möglichkeit zur Kommunikation , bietet sowie eine zwischenmenschliche Begegnung darstellt Wird dies vernachlässigt , besteht die große Gefahr der Gewalt in der Pflege. Diese Gewalt fängt mit Worten an und hört bei der Körperpflege auf . Diese Gewalt kann z.B. so aussehen .

"Mir ist so schwindelig", spricht Frau Schmitz den Heimleiter an . Der Heimleiter zeigt sich verständnisvoll: "Da setzen sie sich am besten hin." Frau Schmitz rührt sich nicht und meint: *"Ich*

weiß nicht. " Aber der Heimleiter weiß Rat: "Schwester Leni, bringen Sie Frau Schmitz in ihr Zimmer. Ihr ist nicht gut." Schwester Leni ist besorgt: "Was ist denn los, Frau Schmitz?" Die alte Dame wiederholt: *"Mir ist so schwindelig."* Leni nimmt sie am Arm und sagt: "Da ist es am besten, wenn sie sich ein hißchen hinlegen." Aber Frau Schmitz braucht keinen Stuhl und kein Bett. Sie benötigt einen Menschen, der ihr zuhört, dem sie ihre Sorge, daß in ihrem Kopf etwas nicht stimmt, mitteilen kann. Das ist alles. Aber weder der Heimleiter noch Leni wollen ihr geben, was sie braucht. Sie wollen nicht in die Angst und Sorge der alten Dame eintauchen. Da paßt es gut, daß sie sich bei Frau Schmitz mit der vertrauten Sprache verständigen können, ohne sie verstehen zu müssen. Sie bleiben in ihren Rettungsbooten und rudern Frau Schmitz in deren Zimmer. Manchmal tauchen die Pflegenden ja doch in die anderen Welten ein. Aber sie schaffen es nicht, länger als zehn bis 20 Sekunden unter Wasser zu bleiben, in der Welt der Stille, der Angst, des Jammerns. Nach dieser kurzen Zeit tauchen sie rasch auf in ihr Rettungsboot "Sprache". Gerettet und in Sicherheit, vergessen sie leicht, daß nur sie und nicht die alten Menschen die Rationalität der Sprache benötigen. Ihre gutgemeinten verbalen Verständigungsversuche wirken dann wie verbale Schläge mit dem Ruder: Trinken Sie mal. Versuchen Sie ein bißchen zu schlafen. Ich komme gleich wieder. Und keine Angst! Es ist immer einer da. Stille, sprachlose Nähe und stummes Verstehen ist in vielen Fällen angebrachter als der unreflektierte Gebrauch von Sprache, zumal wenn diese reglementierend statt mitfühlend daherkommt. "Guten Morgen, haben Sie gut geschlafen?" rudert die Pflegerin, Freude verbreitend, in das Zimmer von Frau Müller. Frau Müller läßt sich aber von der guten Laune nicht anstecken, sie besteht darauf, daß es ihr schlechtgeht. *"Ich hab' solche Schmerzen"*, klagt sie. Die Pflegerin zieht die Vorhänge auf und überhört Frau Müllers Einwand, die Vorhänge nicht aufzuziehen. "Na sehen Sie, Frau Müller, jetzt kommt die Sonne herein. Dann geht es ihnen direkt besser." Frau Müller will aber nicht, daß es ihr bessergeht, sie will Schmerzen haben. *"Meine Beine, meine Beine, meine Beine."* Die Pflegerin gibt den Versuch auf, Frau Müller in ihr Boot der Vitalität zu ziehen und greift zum Ruder: "Frau Müller, ich möchte einmal den Tag erleben, an dem Sie keine Schmerzen haben." Frau Müller jammert: *"Wenn Sie meine Schmerzen hätten."* Es folgt der nächste Schlag mit dem Ruder: "Frau Müller, gestern war doch der Arzt da, was hat der denn gesagt? Der Arzt sagt, sie müssen sich bewegen, Frau Müller." *"Meine Beine, meine Beine, meine Beine."* Die Pflegerin kennt keine Gnade: "Sie kommen ganz vom Laufen ab. Sie können gehen. Kommen Sie mal." – *"Ich kann nicht."* – "Doch. Sie können, wenn Sie wollen." In allen genannten Beispielen wissen die Pflegenden ganz genau, was die Alten wollen, aber sie können es ihnen nicht geben. Sie haben schon viel zu lange an den Bitten, den zur falschen Zeit vorgetragenen Wünschen, den unerfüllbaren Hilferufen gelitten. Sie können nicht mehr eintauchen, sondern suchen nur noch nach Möglichkeiten, mit ihren Rettungsbooten schnell auf das Festland ihrer Normalität zu rudern. Sie sind nicht mehr in der Lage, den Alten zu helfen, sondern versuchen nur noch, sich selbst zu retten. Und damit sie nicht in das Meer gezogen werden, schlagen sie mit dem Ruder nach jedem, der sich an ihr Rettungsboot klammert.

Pflegende, die in der sich selbst erzeugenden Hektik und Erregung im permanenten Umgang mit

Menschen keine Gelegenheit für "Aus -" Zeiten und Entspannung, keine Ruhe- und Rückzugsräume finden, diese PflegerInnen werden nach kurzer Zeit nicht mehr in der Lage sein, Menschen ruhig und gelassen zu begegnen Sie greifen nach einer unbarmherzigen Sprache, sie belehren, veralbern, erniedrigen oder demütigen und weisen zurecht. Wer als Pflegender jedoch das Glück hat, in einem Heim zu arbeiten, in dem Räume der Stille und Entspannung eingerichtet wurden, der braucht, nachdem er in diesen Räumen zur Ruhe gekommen ist, bei der traurigen Frau Müller nicht die Vorhänge aufzureißen. Und wer in seinem Heim überall Höhlen, Matschecken, Tastbretter, Klangkörper, Sand, Wasser oder Kramschubladen findet, der braucht Frau Schmitz aus dem Eingangsbeispiel nicht zu fragen "Wo gehen Sie hin?" und die alte Dame dann auf ihren Stuhl zu bringen. Der Pflegende in einem derart gestalteten Haus muß nicht die quälende Langsamkeit befürchten, wenn er Frau Schmitz zwei Minuten in einem hellen, galerieweißen Flur mit Kunstdrucken von Claude Monet und mit Blumen, die niemand zerrupfen darf, begleitet. Er fände überall Möglichkeiten, sich und Frau Schmitz sinnlich zu verwöhnen und der alten Dame einige wenige Minuten das zu gehen, was diese braucht: Nähe und ruhige, stille Geborgenheit – begleitet vielleicht von einer mitfühlenden, auf keinen Fall aber von einer reglementierenden Sprache.

Beim Generationskonflikt können Fremd – und Selbstbilder zum Problem werden ,

- weil der alte Mensch vielleicht schlecht über die Jugend denkt ,
- weil die Jugendlichen schlecht über die alten Menschen reden und denken
- wenn Selbst – und Fremdbild miteinander konfrontiert werden .

Es sind zwei verschiedene Meinungen vorhanden und der eine versucht seine Meinung einem anderen aufzudrängen . Aber der andere will das nicht , dann wird das zum Problem (s. Beispiel „Gewalt der Worte "). Probleme können auch auf der Gedankenebene entstehen . Man muß sich die Frage stellen , Warum ist seine Handlung in der jeweiligen Situation so und nicht anders ? Der Sender und der Empfänger beeinflussen sich gegenseitig . Was meint der betreffende in dieser Situation zu denken . Es werden Erwartungen von Verhaltensweisen alter Menschen , durch die Gesellschaft gestellt . Diese sind durch Passivität , Desinteresse , Intoleranz , Rückzug und Hilflosigkeit gegenzeichnet . Durch die Gesellschaft erfolgt eine Ablehnung wenn der alte Mensch gegen dieses Bild verstößt , wenn er also aus der Rolle fällt .

6. Wie ist die Selbstbild – und Fremdbildbeeinflussung durch mich selbst , den alten Menschen und die Gesellschaft möglich .

Menschen in der dritten Lebensphase sollen aus der Isolation, aus den zugewiesenen Altersrollen befreit werden. Diese These vertritt der Berlinger "Neutal"-Chef Rene Künzli, der gleichzeitig betont, daß Verantwortungsvermögen und Gestaltungskraft im Alter gestärkt werden sollen. Für den Konstanzer Uniprofessor Helmut Bachmaier wird der Generationenvertrag in Zukunft nur zu erfüllen sein, wenn die Senioren einen großen Teil der staatlichen Aufgaben im sozialen und kulturellen Bereich als Aufgaben für den dritten Lebensabschnitt sehen werden. Damit falle den Älteren "eine eminente politische und gesellschaftliche Aufgabe" zu. In der Schweiz sind mehr als eine Million Menschen im Pensionsalter. Zahlreiche Vertreter dieser Generation verhalten sich passiv und resignieren, sobald sie nicht mehr berufstätig sind. Für FDP-Nationalrat Ernst Mühlemann ist eindeutig: "Wer nicht politisieren kann, mit dem wird politisiert!" Die Tatsache, daß man ältere Menschen in der Politik nicht mehr haben wolle, also eine Art Altersguillotine einführe, führe zu Frustration, ergänzt der pensionierte Wolfsberg-Leiter, der weiterhin aktiv im Unternehmerforum Lilienberg mitwirken will. Laut Mühlemann müssen Politiker kein Gesetz machen, um das Alter zu fördern. Vielmehr gehe es darum, ein Klima zu schaffen, in dem die gesamte ältere Generation wieder motiviert werde: "Ich bin überzeugt, daß der Mensch lernen kann, solange er lebt. Darum ist es wichtig, daß wir ein gutes Verhältnis zum Tod finden."

Wie mit dem Alter umgegangen wird, darin zeigt sich der kulturelle Zustand einer Gesellschaft. Auf unsere liberale Gesellschaft bezogen bedeutet dies, daß sich das Glück der freien Individualität im Alter in den Fluch der Einsamkeit und Isolation verkehrt. Deshalb besteht für Helmut Bachmaier die Aufgabe, das Alter gesellschaftlich neu zu definieren und ihm einen neuen, höheren Stellenwert zu verschaffen. Für den Professor für Literaturwissenschaft und Direktor der Konstanzer Akademie Schloß Seeheim ist dies nur möglich, "wenn alle gesellschaftlichen, politischen und kulturellen Kräfte, die sich mit Altersfragen befassen oder damit konfrontiert sind, zusammenwirken". Was die Zeit und die Zukunft erforderten, sei ein Bündnis für einen neuen Ansatz in der Alterskultur: "Das Bündnis Alterskultur." Die Fehlentwicklung, daß unsere Gesellschaft die pensionierten und älteren Menschen in die Passivität stößt und ausgrenzt, muß laut Rene Künzli korrigiert werden. Auch nicht einverstanden ist Künzli mit der Tatsache" daß ältere Menschen betreut werden, anstatt sie so lange wie möglich in ihrer Selbstverantwortung zu unterstützen: "Diese Denk- und Handlungsart ist zu verändern. Der Generationenvertrag - ein Solidarvertrag zwischen den drei Generationen – muß neu formuliert werden . Als einsam aber empfinden sich immer mehr Menschen in der heutigen Zeit. Insbesondere dann, wenn wir aus dem Berufsleben ausscheiden, wenn altvertraute Freunde wegziehen oder sogar sterben, fühlen wir uns isoliert. So sind unsere Fähigkeiten gefordert, neue Kontakte knüpfen zu können. Doch vielfach blockieren wir uns selbst, auf andere ungezwungen zuzugehen. Wenn wir es uns genau überlegen und ehrlich zu uns sind, gibt es täglich sehr viele Möglichkeiten, mit anderen ein paar Worte zu wechseln. Wir können es zwar nicht steuern, ob sich daraus ein längerfristiger Kontakt oder eine tiefe Freundschaft entwickelt. Doch manchmal wirken ein paar nette, unverbindliche Worte, mit einem Fremden gesprochen, schon Wunder. Wir fühlen uns plötzlich eins mit der Welt und dazugehörig. Überlegt man einmal selbst, wie vielen Menschen wir täglich ganz zufällig treffen . Da sind die Nachbarn aus der Umgebung und der Briefträger, die Zeitungsfrau und die Verkäuferin im Lebensmittelgeschäft oder Kaufhaus, die Frau, die neben einem in der Straßenbahn sitzt oder an der Haltestelle wartet, der Mann auf der Parkbank oder im Eiscafe, die Kundin hinter oder vor einem am Bankschalter oder an der Parkhauskasse. Ganz abgesehen von all den Menschen, die man trifft, wenn man sich ganz bewußt "unter die Menschen begibt" – wie zum Beispiel im Seniorencafe, bei einem Vortrag oder im Seminar, in der Gymnastikgruppe, im Singkreis und so weiter. Wo immer man Menschen trifft, hat man die Wahl, entweder Kontakte anzuknüpfen oder sich "vornehm" zurückzuhalten . Leider hindern uns negativen Gedanken auch daran, wirklich angenehme Erfahrungen zu machen. Senioren sind leistungsfähig und leistungsbereit. Sie möchten Verantwortung übernehmen und Aufgaben erfüllen. Sie haben den Wunsch, dazuzulernen und früher Gelerntes weiterzugeben. Nur eines wollen sie natürlich nicht mehr: Arbeiten müssen, von Montag bis Freitag, nach einem festgelegten Stundentakt, um ihren Unterhalt zu verdienen. Nach einem anstrengenden Erwerbsleben, das neben der Freude an der Leistung auch stets Alltagssorgen bereithielt, ist dies wohl zu verstehen. Es gibt eine Vielzahl von Freizeitangeboten für ältere Mitbürgerinnen und Mitbürger, die das Leben abwechslungsreich machen können. Da ist zum Beispiel die ehrenamtliche Mitarbeit bei Wohlfahrtsverbänden und Kirchen. Anderen zu helfen, kann sehr viel Freude bereiten – und man ist ein Teil einer Gemeinschaft von Gleichgesinnten. Umfassende Möglichkeiten bieten auch die Volkshochschulen. Hier findet man unter anderem Mal- und Zeichenzirkel, Arbeitsgemeinschaften des Handwerks, Fotogruppen und Autoren- gemeinschaften. Für jeden ist etwas Passendes dabei. Gerade im Entstehen begriffen sind sogenannte Selbsthilfe Werkstätten für Senioren. Wer noch nicht die Hände in den Schoß legen möchte, kann hier durch kleine handwerkliche Arbeiten sein Taschengeld aufbessern und zugleich seinem Hobby nachkommen. Gute Seniorenprogramme sind allerdings noch immer Mangelware, vor allem in kleinen, abgelegenen Gemeinden. Aber immerhin ist die Palette von Möglichkeiten, die sich sehen lassen können, größer geworden: vom Sport und vom Reisen bis hin zum Gehirnjogging", wie die Altersforscher der Universität Göttingen die Notwendigkeit bezeichnen, sich durch ständiges Training des Verstandes und des Gedächtnisses fit zu halten, ist die Auswahl mittlerweile schon ganz beachtlich. Auch Altenklubs und Altenbegegnungsstätten gab und gibt es überall. Sie unterbreiten vielfältige Freizeitangebote. Die Gemeinden können darüber Auskunft geben. Wer in jungen Jahren Abitur gemacht und damit die Hochschulreife erlangt hat, der kann jederzeit an einer Universität ein Studium aufnehmen, auch als Rentner. Es gibt zahlreiche Fächer, die keinen Numerus Clausus kennen, also keine Zulassungsbeschränkung haben. Senioren können diese Fächer belegen, ohne beim Anblick von 22jährigen Studenten Gewissensbisse zu haben und sich vorwerfen zu müssen, anderen einen Ausbildungsplatz wegzunehmen. Der Kölner Zeitgeschichtler Andreas Hillgruber hat diesen späten Studierenden, die sich keinem Prüfungsstreß mehr auszusetzen brauchen, ein ausgezeichnetes Zeugnis ausgestellt. Ehrgeizig seien sie, kritisch, fleißig, für manchen Hochschullehrer auch unbequem, denn das Studium sei für sie ein neuer ernster Lebensinhalt. Wie wäre es also mit ein paar Semestern Musikwissenschaft oder Kunstgeschichte, Philosophie oder Altertumswissenschaft, wenn man in einer Universitätsstadt wohnt? Auch diejenigen, die ohne Abitur sind, dürfen als Rentner eine Hochschule besuchen, wenn nicht gerade übervolle Enge herrscht. Sie sind dann Gasthörer und haben nicht die Möglichkeit, Examen abzulegen. Doch im übrigen sind sie den sogenannten ordentlichen Studierenden gleichgestellt. Es macht wirklich Spaß, mit einem Mal Neues tun zu dürfen, Neues kennenzulernen oder sich mit einer Sache eingehend zu beschäftigen, mit einem Thema auseinanderzusetzen, wozu während des Erwerbslebens die Zeit und die Kraft fehlten. Studieren probieren: Die Hochschulen geben gern Auskunft über die Möglichkeiten, die sie Senioren bieten. Die pädagogische Hochschule Magdeburg und die Martin-Luther-Universität in Halle/Wittenberg bieten ein Seniorenstudium an, das speziell auf ältere Menschen abgestimmt ist und das keine Bildungsabschlüsse voraussetzt. Wenn sich der Kopf anstrengt, dann darf der Körper nicht faul sein Ein zufriedenes Leben ist daher für ältere Menschen auch nur dann möglich , wenn sie noch aktiv Einfluß nehmen , ihre Leistungsfähigkeit zu entfalten und gesellschaftlich nutzbringende Funktionen übernehmen können . Eine auf diese Bedürfnisse hin abgestellte Altenarbeit muß daher die Aktivierung älterer Menschen vordringlich im Auge haben . Die Gründung von Altenclubs , Seniorentagesstätten und ähnlichen Einrichtungen erfolgte in den vergangenen Jahrzehnten unter der Zielsetzung einer Verbesserung der sozialen Kontakte und einer Aktivierung der älteren Menschen . Mit diesem betreuerischen Aspekt geben sich jedoch mehr und mehr ältere Menschen nicht mehr zufrieden , unter Aktivität verstehen sie vielmehr eine tatsächliche Einflußnahme auf das gesellschaftliche Geschehen und eine Einbindung in die Gesamtgesellschaft . Sie wollen sich nicht mehr wie bisher damit abfinden , zunächst ins gesellschaftliche „Abseits" abgeschoben zu werden , um dann auf einer ebenfalls isolierten „Spielwiese für Senioren" ohne echten Einfluß doch wieder nur unter sich zu sein . So kämpfen beispielsweise die „Grauen Panther" gegen das negative Stereotyp vom alten Menschen in unserer Gesellschaft , für die Selbständigkeit und die Integration der älteren Mitmenschen .

Die Selbstbild – und Fremdbildbeeinflussung ist durch mich möglich , z.B. Wenn ich regelmäßig d.h. mindestens 1 x im Monat die Heimbewohner im Pflegeheim in Allstedt und Beyernaumburg besuche um den Kontakt aufrechtzuerhalten . Durch die Ausbildung habe ich einen ganz anderen Eindruck vom alten Menschen bekommen als vorher . Vorher dachte ich auch , wie die Mehrzahl der Menschen , das der alte Mensch nichts mehr kann .

Literaturverzeichnis

Aktiv im Alter , Zeitschrift für Senioren und Vorruheständler , Heft 1 , Februar 1993 ,
Herausgeber : Deutscher Senioren-Rind e.v. Brandenburg - Berlin

Altenpflege als Beruf , Vincentz Verlag , 3. Auflage , Autor : Heinz – Joachim Büker 1995

Altenpflege in Ausbildung und Praxis , Georg Thieme Verlag Stuttgart , New York ,
3. Auflage , Autoren : Ilka Köther & Else Gnamm 1995

Blätter zur Berufskunde Altenpfleger , Herausgeber : Bundesanstalt für Arbeit ,
5. Auflage , Autoren : Gerhard Brockschmidt Wolfsburg 1993

Der Rote Faden , Ein Ratgeber für ältere Menschen , Herausgeber : Der Bundesminister für
Jugend , Familie , Frauen und Gesundheit , Möller Druck und Verlag Berlin , Stand März 1990

Fachmagazin für die ambulante und stationäre Altenpflege „Altenpflege" , September-
ausgabe 1997 , 22. Jahrgang , Vincentz Verlag

Fachmagazin für die ambulante und stationäre Altenpflege „Altenpflege" , Aprilausgabe 1998 ,
23. Jahrgang , Vincentz Verlag

Gerontologie und Geriatrie , Georg Thieme Verlag Stuttgart , New York , 3. Auflage ,
Autoren : Josef Böger & Siegfried Kanowski 1995

Ihre Rechte als Heimbewohner , Herausgeber : Bundesministerium für Familie und Senioren

Lehrbuch für Pflegeberufe , Herausgeber : Fritz Beske 1997 ,
Georg Thieme Verlag Stuttgart – New York , 7. Auflage

Pflegen und gepflegt werden , Ein Ratgeber über die Pflege zu Hause für Pflegende und
Pflegebedürftige , Geiselberger Medien GmbH

Psychologisches Grundwissen für Altenpflegeberufe , Beltz Verlag , Weinheim und Basel ,
Autor : Kurt Wirsing 1997

Psychiatrische Altenpflege , Beltz Verlag , Weinheim und Basel , Autor : Martin Trebert 1997

Senioren in Sachsen – Anhalt , Ein Ratgeber , Herausgeber : Ministerium für Arbeit und Soziales
des Landes Sachsen – Anhalt

Senioren – Ratgeber der Apotheken , Aktiv über 50 , Mai 1996

Soziologie für die Altenarbeit , Lambertus Verlag , 11. Auflage , Autor : Kurt Witterstätter 1997

Internetadressen :

http://www.seniorenweb.de

http://www.altenhilfe.de

http://www.kda.de

http://www.bmgesundheit.de

http://www.seniorennet.de/hamburg/online.de

http://www.ispi.psychologie.uni-bonn.de

http://www.uni-koblenz.de